LA
MONNAIE BIMÉTALLIQUE

PAR

Henri CERNUSCHI

Articles publiés dans le SIÈCLE

en Novembre et Décembre 1875.

PRIX : DEUX FRANCS

PARIS

LIBRAIRIE DE GUILLAUMIN ET Cie

Éditeurs du Journal des Économistes, de la Collection des principaux Économistes du Dictionnaire de l'Économie politique, du Dictionnaire universel du Commerce et de la Navigation, etc.

14, RUE RICHELIEU, 14

1876

DE L'AUTEUR :

Mécanique de l'Échange, vol. in-8°. . . . . . 3 fr. 50

Illusions des Sociétés Coopératives, vol. in-18 . 2 fr. »

Contre le Billet de Banque, vol. in-18. . . . . 2 fr. 50

Or et Argent, brochure. . . . . 1 fr. »

6645. — Paris. — Imprimerie Vᵉ Éthiou-Pérou, rue Damiette, 2 et 4.

LA
MONNAIE BIMÉTALLIQUE

PAR

Henri CERNUSCHI

Articles publiés dans le SIÈCLE

en Novembre et Décembre 1875.

PRIX : DEUX FRANCS

PARIS

LIBRAIRIE DE GUILLAUMIN ET Cie

Éditeurs du Journal des Économistes, de la Collection des principaux Économistes du Dictionnaire de l'Économie politique, du Dictionnaire universel du Commerce et de la Navigation, etc.

14, RUE RICHELIEU, 14

1876

NOTE PRÉLIMINAIRE

Bimétallique est une dénomination dont je me sers pour désigner le régime monétaire qui admet les deux métaux : or et argent. L'*Économiste français* trouve que je viens d'emprunter cette *belle épithète* à M. de Laveley (1). Certes, je ne rougirais pas d'emprunter à l'éminent professeur de l'université de Liége ; mais, pour être sincère, je dois dire que j'emploie le mot bimétallique depuis longtemps. (Voir le *Journal des Économistes*, janvier 1869.)

---

(1) Cette note a paru en 1874.

IV

J'avoue que je répugne quelque peu à me servir du mot *étalon*, si mal introduit dans le langage monétaire par ceux qui voulaient, il y a quelques années, proscrire la monnaie d'or, et qui, aujourd'hui, crient anathème contre la monnaie d'argent.

Le mot étalon signifie « modèle de mesures conservé par le magistrat, et auquel les mesures des marchands doivent être conformes. » (*Dictionnaire de l'Académie.*)

La France est fière de posséder comme mesure linéaire le mètre. Il est dit que la longueur du mètre est la quarante-millionième partie de la circonférence terrestre ; mais comme il n'est pas facile pour chacun de vérifier la dimension du globe, et que toutes les fois qu'on le mesure on trouve une longueur différente, qu'a-t-on fait ?

On a pris une barre de platine, métal très-inaltérable, ayant la longueur approximative du quarante-millionième susdit ; on a déposé cette barre aux Archives et on a dit : Voilà le mètre. Tous les marchands qui mesureront avec des mètres plus courts que cette barre seront en contravention. La terre pourra changer de dimension, les astronomes lui trouveront dans dix ans une circonférence moindre, dans vingt ans une circonférence plus grande, rien n'y fera ; cette barre est l'*étalon* auquel les marchands doivent conformer leurs mètres.

Il est évident qu'il ne peut y avoir qu'un modèle ou étalon du mètre, celui déposé aux Archives. Il est absurde de penser que, pour n'importe quoi, il puisse y avoir deux étalons différents. Aussi les monométallistes se donnent le plaisir de nous porter, à nous bimétallistes, cette accusation, que nous sommes pour deux étalons. C'est une belle façon de nous faire passer pour des hommes absurdes.

L'introduction du mot *étalon* dans le langage monétaire, loin d'aider l'intelligence de l'élève par voie d'analogie, atteste qu'il y a confusion d'idées dans la tête du maître.

Grégoire veut un monarque, Martin veut deux consuls. Que Grégoire plaide sa cause, c'est juste ; mais qu'il n'espère point la gagner, parce qu'il sera venu répéter que Martin est un ignare partisan du double étalon, et lui Grégoire un sage adepte de l'étalon unique. Les étalons n'ont rien à faire ici.

VI

Ils n'ont rien à faire non plus en matière monétaire. Ni l'or ni l'argent ne sont des étalons ou modèles conservés par le magistrat : ce sont des biens, ayant valeur principalement parce qu'ils remplissent proprement l'importante fonction de monnaie, des biens qu'on donne et qu'on reçoit en échange d'autres biens. Contre un sac de blé on donne une pesée d'or ou une plus forte pesée d'argent ; on peut même donner autre chose. Les coins de l'État ne font pas la valeur de la monnaie, ils en constatent seulement le poids et le titre ; nulle part on n'aperçoit un étalon quelconque.

On doit chercher si les hommes ont plus d'avantage à se servir, comme ils l'ont toujours fait, des deux métaux monétaires ou d'un seul. Voilà la question économique.

Les partisans de l'unicité paraissent se laisser guider par l'horreur que leur inspirent ces deux mots : double et étalon, qu'ils ont accouplés eux-mêmes. En métrologie, étalon veut dire modèle ; dans les choses monétaires, étalon n'exprime ni le vrai ni le faux ; il n'exprime rien.

D'après l'*Économiste français*, l'épithète *bimétal-*

lique n'est pas belle. Soit ; mais que dire de la beauté de l'étalon simple et de l'étalon double ? Je n'espère point faire démonétiser ces ridicules locutions ; seulement je demande qu'on veuille bien tolérer l'emploi que je fais, pour désigner les deux écoles adverses, des adjectifs bimétallique et monométallique. Ils ne sont pas si mauvais.

I

LA QUESTION MONÉTAIRE EN ALLEMAGNE

Quand le régime politique d'un pays vient à se modifier, son régime monétaire ne peut manquer d'être lui-même plus ou moins modifié.

A l'avénement de Victor-Emmanuel comme roi d'Italie, on supprima les anciennes monnaies lombardes, toscanes, romaines et napolitaines; à l'avénement de Guillaume comme empereur d'Allemagne, on a décrété la suppression des différents systèmes monétaires du Midi et du Nord. En Italie, on ne frappe plus qu'une monnaie : la lire italienne portant la croix de Savoie; en Allemagne on ne fabriquera plus que des marcs portant l'aigle impériale.

Mais, tandis que l'Italie, tout en édictant l'uniformité monétaire, sanctionnait le système bimétallique, qui reconnaît comme monnaie légale l'argent aussi bien que l'or, l'Allemagne, au moment où elle introduisait l'uniformité monétaire, voulut autre chose : elle voulut démonétiser le métal argent, qui cependant circulait presque seul, et n'avoir pour unique monnaie légale que les marcs d'or, qu'elle allait battre avec l'indemnité de guerre due par la France.

Le programme bimétallique a été réalisé en Italie. Le programme monométallique sera-t-il réalisé en Allemagne?

Le gouvernement impérial s'est mis à l'œuvre avec ardeur. En quatre ans, il a :

1° Émis en pièces de 20 et 10 marcs pour douze cents millions de marcs d'or (le marc contient un franc vingt-trois centimes et demi d'or);

2° Poussé très-avant la fabrication de la nouvelle monnaie d'appoint (argent à bas titre, nickel, cuivre), qui, à raison de 12 marcs 1/2 par habitant, doit remplacer les anciens billons qu'on refond;

3° Mis hors de cours les monnaies autrichiennes, hollandaises et françaises, qui circulaient en grande quantité;

4° Retiré de la circulation la presque totalité des florins et autres pièces d'argent du Sud et des villes Anséatiques.

Tout ceci étant fait, une seule opération resterait à réaliser; le retrait de la plus importante des pièces d'argent, le thaler. Or, la somme de thalers à retirer s'élève à deux cents millions (740 millions de francs), et les plus chauds promoteurs du monométallisme reconnaissent eux-mêmes que c'est une affaire bien ardue que de démonétiser une telle masse de métal.

Où placer, où expédier tout cet argent?

L'Angleterre et les États-Unis n'admettent jusqu'ici que l'or comme monnaie légale; par conséquent, ces pays ne peuvent absorber l'argent provenant des thalers allemands.

La France, l'Italie, la Belgique et la Suisse, c'est-à-dire l'Union latine, bien qu'en possession du régime bimétallique, se sont coalisées pour empêcher que les Allemands ne viennent chez elles faire convertir en pièces de 5 francs leurs thalers, et dans ce but elles ont, d'un commun accord, suspendu l'ancienne liberté du monnoyage de l'argent.

L'Autriche et la Russie sont vouées, par état chronique, au papier-monnaie; elles ne peuvent songer à acquérir l'argent allemand.

Restent la Chine et l'Inde. Là on n'emploie pas la monnaie d'or, les payements s'y font en argent; mais ces pays n'ont pas de fortes créances ni sur l'Allemagne ni sur l'Europe, et, par suite, on ne peut y envoyer de fortes sommes d'argent. Il faudrait imaginer une grande bataille perdue par l'Allemagne et gagnée par les Chinois, et les Allemands tenus de payer à la Chine une forte indemnité, pour que l'émigration de l'argent de Berlin à Pékin devînt possible.

Mais, si l'écoulement de l'argent est si difficile, l'achat de l'or, qui devrait le remplacer, ne l'est pas moins.

Londres, le grand marché des métaux précieux, ne peut fournir que de l'or californien et australien, au fur et à mesure des arrivages; si on voulait attaquer le stock habituel, dont les Anglais ont eux-mêmes un besoin absolu, on provoquerait une crise épouvantable sur le marché anglais, crise qui se propagerait immédiatement dans toute l'Europe. Que de ruines, que de désastres!

Faut-il parler des pertes énormes qu'avant d'avoir provoqué ces ruines et ces désastres, le gouvernement allemand s'imposerait inévitablement, s'il continue à offrir de fortes sommes d'argent et à demander de fortes sommes d'or? Offert, le métal argent se déprécie de plus en plus; demandé, l'or renchérit d'autant. C'est par millions que le budget de l'empire aurait à chiffrer ses pertes.

Ces difficultés, le ministre de l'empire les a prévues. Aussi, tout en décrétant qu'à partir du 1er janvier 1876 on ne compterait plus nulle part ni en florins ni en thalers, mais en marcs exclusivement, a-t-il fait cette grande restriction, que les thalers seront maintenus dans la circulation, qu'ils seront censés être de l'or, que chaque thaler vaudra trois marcs.

On le voit, le gouvernement se donne du temps, il espère pouvoir démonétiser avec lenteur; mais la démonétisation lente suscite elle-même un inconvénient grave : elle détermine l'exportation de l'or. En voici la raison :

Depuis que la démonétisation est commencée, l'argent, toujours offert au dehors, ne fait que baisser, tandis que la valeur du thaler ne baisse pas à l'intérieur, vu que le thaler y circule légalement comme l'équivalent de trois marcs d'or. C'est pourquoi, lorsque les banquiers ont à faire des payements à l'étranger, ils se gardent bien d'y envoyer des thalers; ils expédient des marcs d'or, et réservent les thalers pour payer à l'intérieur. Le gouvernement rachète l'or à l'étranger et l'importe, les banquiers l'exportent : c'est le travail de Pénélope sans l'arrivée d'Ulysse. Déjà deux cents millions de marcs ont pris le chemin de l'étranger : c'est le sixième de la quantité fabriquée.

En résumé, on a dû renoncer à la démonétisation rapide, et le succès de la démonétisation lente est plus que douteux.

Telle est la situation. Avant de formuler les réflexions qu'elle suggère pour l'avenir, il convient de dire ce que c'est que la nouvelle unité monétaire d'Allemagne, le marc d'or.

Quand l'empire prit la résolution de convertir la circulation d'argent en circulation d'or, il dut nécessairement et comme point de départ, établir entre les deux métaux un tarif de conversion, c'est-à-dire déterminer contre combien de pesées d'argent on livrerait une pesée d'or. Le tarif fut fixé à 15 1/2, ce qui signifie, que le possesseur de la monnaie d'argent, forcé par la loi de s'en dessaisir, aurait droit, en apportant 15 1/2 poids d'argent monnayé aux caisses de l'État, de recevoir en échange un poids d'or monnayé.

On a eu raison ds prendre cette proportion de 15 1/2; elle concordait alors avec la valeur respective des deux métaux sur le marché général et avec l'antique proportion qui

existe légalement en France, en Italie, en Belgique et en Suisse entre les francs d'or et les
francs d'argent.

La proportion 15 1/2 une fois adoptée,
il importait que la valeur de l'unité monétaire d'or qu'on allait créer sous le nom de
marc fût telle que l'échange de l'ancien numéraire contre le nouveau ne donnât lieu à aucun calcul long et compliqué. Il fallait à cet
effet que, sans sortir du taux 15 1/2, la valeur
du marc fût contenue en nombre exact de fois
dans la valeur du thaler, du thaler qui était la
plus importante et la plus répandue des pièces
d'argent.

C'est ce qu'on fit.

Si vous multipliez par 15 1/2 le poids du
marc, vous obtenez le poids exact du tiers
d'un thaler, et l'opération d'échanger des thalers contre des marcs ne saurait être plus sim-

ple. Pas de fractions; pas d'appoints à rendre. Contre chaque thaler présenté, la caisse publique doit livrer trois marcs d'or.

Le marc d'or étant ainsi constitué, mais les thalers d'argent devant jusqu'à nouvel ordre continuer à circuler, on ne peut nier qu'à partir du 1er janvier 1876, il y aura une circulation composée de marcs d'or et de mars d'argent, ceux-ci contenant 15 fois 1/2 autant de métal fin que ceux-là.

Ce sera exactement comme en France, où les francs d'argent pèsent 15 fois 1/2 autant que les francs d'or.

Résultat digne de remarque : L'ancien régime bimétallique à 15 1/2, dont l'abolition a été demandée en France par plusieurs économistes, va entrer en vigueur en Allemagne, où il n'a jamais existé et où personne n'en demandait l'introduction.

Il est vrai que cet état bimétallique de l'Allemagne n'est pas complet. Pour l'avoir complet, il faudrait que chacun y fût libre de faire monnayer le métal argent, tandis que les marcs d'argent admis à circuler ne seront autres que les anciens thalers, et qu'il sera interdit d'en faire fabriquer avec de l'argent nouveau.

Nous sommes ici au cœur de notre question. Y a-t-il intérêt pour l'Allemagne, pour la France et pour le marché général, à ce que le législateur allemand maintienne cette interdiction, ou est-il désirable pour tous que l'interdiction soit levée?

L'Allemagne n'est pas tellement engagée dans la voie monométallique qu'elle n'y puisse renoncer sans aucun effort; au contraire, elle n'a jamais été si près du bimétallisme, et, à l'état provisoire mais légal, elle y est même déjà.

Pour que le bimétallisme y devienne loi complète et permanente, il suffirait de dire :

1° Que le monnayage de l'argent et de l'or dans les ateliers de l'État est facultatif pour tous;

2° Que le poids du marc d'argent sera égal au tiers du poids d'un thaler;

3° Qu'on frappera des pièces de 4 marcs d'argent (ou de 5), afin de pouvoir faire des rouleaux de 100 marcs, ce qu'on ne peut pas faire avec les pièces actuelles de 3 marcs, les thalers;

4° Qu'on ne frappera plus de thalers; ceux qui existent pourront être refondus plus tard et transformés en pièces de 4 marcs (ou de 5);

5° Qu'il n'y aura pas de pièces d'argent à bas titre au-dessus de 2 marcs; les pièces de 5 marcs à bas titre qu'on a commencé à frapper seront ultérieurement retirées.

Il est évident que la mise en pratique d'une loi contenant de pareilles prescriptions ne rencontrerait aucune difficulté. Quant aux avantages qu'elle procurerait, ils sont de la plus haute importance.

Le gouvernement allemand n'aurait plus de souci monétaire. Il cesserait de chercher pour son argent des débouchés qui n'existent pas; il cesserait de demander de l'or qui ne se trouve nulle part; il éviterait les pertes que produit la vente de l'argent toujours plus au rabais, et que produit l'achat de l'or à prix toujours croissant; il cesserait de redouter l'exportation des marcs d'or, et, somme toute, satisfait d'avoir dans tout le pays une seule monnaie, le marc, il laisserait les Allemands libres de se servir de monnaie d'or ou de monnaie d'argent, comme ils l'entendent, et comme cela s'est toujours pratiqué, jusqu'en 1874, dans les États de l'union latine.

La coalition formée entre la France, l'Italie,

la Belgique et la Suisse, pour résister aux entreprises monétaires de l'Allemagne, se dissoudrait immédiatement. Le monnayage de l'argent redeviendrait libre dans ces pays. Ce serait la fin d'une guerre monétaire sans précédent et sans fin, aussi contraire aux principes scientifiques qu'aux intérêts des États qui la font.

Le marché anglais, et avec lui tous les marchés européens, échapperaient à la crise monétaire, qui est inévitable si le gouvernement allemand persiste à vouloir de l'or quand même.

Y a-t-il un économiste, un banquier, un homme d'État qui puisse contester la réalité et l'importance des avantages que nous venons d'énumérer?

II

L'ANGLETERRE et la RÉVOLUTION MONÉTAIRE EN ALLEMAGNE

La pièce d'or de 20 schellings ou livre sterling est le numéraire des Anglais.

Si l'Angleterre avait autorisé le public à faire frapper une pièce de quatre schellings, contenant en argent fin quinze fois et demi le poids du métal fin contenu dans quatre schellings d'or (la cinquième partie d'une livre), le matériel monétaire de la Grande-Bretagne serait bimétallique et parfait comme celui de la France.

Mais il n'en a pas été ainsi. Sauf les pièces familières pour les appoints, qui sont en argent à bas titre, l'Angleterre n'a pour monnaie légale que l'or.

Cela a suffi à la jeune école monométallique pour se couvrir du pavillon anglais et convier l'Europe à proscrire la monnaie d'argent.

Sans la guerre de 1870, qui a mis un capital énorme aux mains de l'Allemagne, les conseils des monométallistes n'auraient eu aucun effet. En les écoutant sur la fin de l'année 1871, l'Allemagne victorieuse a cru se donner un grand prestige: Dédaigner l'argent et ne plus manier que l'or, quelle splendeur !

Mais puisqu'on se donne pour des imitateurs de l'Angleterre, faisons l'historique du monomé-tallisme anglais.

La loi bimétallique française de 1803 a donné au franc d'argent le poids de 15 1/2 francs d'or. Mais la loi bimétallique américaine de 1792 avait donné au dollar d'argent le poids de 15 dollars d'or seulement. Il y avait donc bénéfice pour les commerçants à faire frapper l'argent en Amérique et l'or en France. Ils y gagnaient 1/2 sur 15, ce qui fait plus de 3 0/0. Aussi l'or affluait en Europe et l'argent en Amérique. Que devait faire l'Angleterre, lorsqu'en 1816, décidée à reprendre ses payements en espèces, elle remit ses balanciers en mouvement? Devait-elle adopter le 15 américain ou le 15 1/2 français?

Pour sortir d'embarras, l'Angleterre prit le parti de ne frapper que de l'or, chose d'autant plus naturelle, paraissait-il, qu'il y avait de l'or sur place, tandis que l'argent avait été attiré en Amérique, comme on l'a vu ci-dessus.

Mais, en prenant cette mesure, l'Angleterre n'a nullement songé à poser des principes scientifiques ni à fonder une école monométallique or. Elle y a si peu songé, qu'elle a maintenu et maintient la monnaie d'argent chez les 150 millions d'Indiens qu'elle gouverne, et qu'elle n'a jamais cessé de recourir au bimétallisme du continent européen pour solder ses échanges avec l'Asie.

Il faut le dire : avant 1871, l'Europe avait une constitution bimétallique, certes imparfaite, mais suffisante pour les besoins communs. L'Angleterre payait en or, l'Allemagne en argent, la France en or et en argent. C'est grâce à cette constitution que les Anglais ont toujours pu prendre ou envoyer de l'argent soit à Paris, soit à Hambourg, et que les Allemands ont toujours pu prendre ou envoyer de l'or soit à Londres, soit à Paris. l'Europe avait ainsi emploi pour le métal argent venant d'Asie, quand l'Asie avait à lui payer des soldes ; et si, par contre, l'Europe avait à payer des sommes en Asie, elle trouvait en Europe même la monnaie d'argent nécessaire.

Comment se feraient les payements entre l'Asie et l'Europe, que ferait notamment l'Angleterre, si tous les États européens devenaient monométalliques comme elle? Où trouvera-t-on de l'argent pour l'Asie, où placera-t-on l'argent venant de l'Asie, si, tandis que l'or ne circule pas en Asie, il ne circule plus que de l'or dans l'Europe entière?

L'Europe ne peut se faire monométallique qu'à la condition de rendre monométallique le monde entier, et, pour ce faire, deux autres conditions seraient à remplir: 1° persuader tous les peuples qu'il faut se défaire de l'argent, le noyer dans la mer ou en faire des casseroles; 2° partager avec l'Asie l'or de l'Europe, afin que les Asiatiques, purgés de l'argent, ne restassent pas sans monnaie.

L'histoire de tous les temps et cette science fatale dont les sociétés suivent les préceptes très-précis, sans qu'aucune plume les ait écrits, démontrent que l'or et l'argent sont deux monnaies également bonnes. Les hommes se sont toujours servis de tous les deux et s'en serviront toujours, malgré de malheureuses exceptions locales ou temporaires.

Mais reprenons la comparaison entre les agissements de l'Angleterre en 1816 et ceux de l'Allemagne actuelle.

L'Angleterre, influencée par des circonstances spéciales, prit en 1816 le parti de ne fabriquer que de la monnaie d'or; mais aurait-elle pris ce parti, si sa circulation antérieure, au lieu d'être en papier, eût été composée de métal argent? Le papier ne vaut rien, il n'en coûte pas cher de s'en défaire; mais se défaire d'un métal précieux qu'on décrie soi-même, c'est bien différent. On y dilapide des millions. Les mono-métallistes, qui citent à tout propos l'exemple de l'Angleterre, oseraient-ils soutenir que l'Angleterre aurait pris l'or comme monnaie exclusive, si elle avait eu à démonétiser pour la valeur d'un milliard de francs d'argent? Non; il a fallu l'enivrement de Sedan, doublé de l'enivrement de Francfort, pour qu'une nation tentât pareille entreprise.

Et les États-Unis, qui, depuis 1834, ne frappent plus que des dollars d'or, ont-ils démonétisé un seul dollar d'argent? Jamais. La proportion 1 à 15, fixée en 1792, ayant eu pour effet de faire exporter l'or, le congrès adopta une mesure excessive en sens contraire, qui eut pour effet de faire exporter l'argent; au lieu d'adopter le 15 1/2 français, qui aurait suffi, les Américains, afin d'arrêter l'exportation de l'or, établirent que les dollars d'argent auraient le poids non plus de quinze, mais de seize dollars d'or. C'était déprécier l'argent au delà du besoin, et, aussitôt la loi nouvelle mise à exécution, l'argent prit le chemin de l'Europe et avec tant de suite qu'un beau jour, sans s'en douter, les États-Unis se trouvèrent monométalliques; le monnayage de l'argent n'était pas même interdit, et il n'y avait plus que de l'or en circulation.

Un petit pays, la Hollande, écoutant les économistes alors acharnés contre l'or comme ils le sont aujourd'hui contre l'argent, la Hollande a bien pu, en 1850, démonétiser l'or, sans grand dommage pour personne. Agissant sur des sommes restreintes, la Hollande a pu facilement écouler chez les voisins l'or démonétisé et y prendre l'argent à monétiser.

Mais quarante millions d'Érostrates votant avec sérénité la démonétisation, la dépréciation, l'avilissement de tout leur numéraire, sans se douter du mal immense qu'ils se font et qu'ils font à tous les pays, ce sera le fait le plus incroyable, le plus grand méfait de l'histoire monétaire.

Combien y a-t-il d'or à la banque d'Angleterre et à celles d'Écosse et d'Irlande? 35 millions de livres sterling tout au plus; c'est justement la somme dont l'Allemagne a besoin, ou à peu près, pour remplacer son argent.

Cet or peut-il à la fois constituer l'encaisse anglaise et la circulation allemande?

Évidemment non; mais on répond que la Californie et l'Australie vont donner l'or nécessaire. Mauvais compte. La production annuelle de l'or a pu suffire jusqu'ici aux besoins monétaires, toujours plus étendus, et aux consommations industrielles toujours croissantes; mais elle ne peut pas combler le grand vide monétaire ouvert tout à coup par la démonétisation de l'argent. Et l'on sait, d'ailleurs, que la production de l'or est en décroissance.

Lors même que le gouvernement de l'empire confédéré aurait déjà en portefeuille pour 35 millions de livres sterling en lettres de change sur Londres, pourrait-il, oserait-il toucher sa créance, et laisser l'Angleterre sans une livre?

L'Allemagne qui, malheureusement, a le tort

de croire son orgueil engagé à réaliser le mono-métallisme-or, l'Allemagne voudra bien ne pas paraître excessive, mais elle ne peut moins faire que de prendre beaucoup d'or à Londres. Les journaux de la Cité ne cachent pas leurs ap-préhensions. Depuis longtemps ils ont cessé d'admirer la révolution monétaire que l'Alle-magne a tenté de faire, soi-disant pour imiter l'Angleterre.

D'entre tous, l'État le plus directement me-nacé par l'opération allemande est la Grande-Bretagne. Et il ne serait pas impossible que, pour ne pas rester sans monnaie métallique, l'Angleterre fît, de notre temps, ce qu'elle n'a pas fait en 1816 : autoriser le public à faire frapper, par pièces de 4 schellings, des livres sterling d'argent appelées à circuler concurrem-ment avec les livres d'or.

III

LE 15 1/2 UNIVERSEL

Depuis 1803, le franc d'argent pèse 15 1/2 francs d'or, et aujourd'hui le marc d'argent pèse 15 1/2 marcs d'or (1).

Que ce poids du marc d'argent soit conservé ;

Qu'il y ait des dollars d'argent pesant 15 1/2 dollars d'or et des pièces de 4 schellings d'argent pesant 15 1/2 fois autant que 4 schellings d'or, c'est-à-dire autant que 62 schellings d'or ;

Que partout, avec le métal qu'on lui présente,

---

(1) Voir la *Question monétaire en Allemagne*, page 18.

on soit libre de se faire fabriquer par l'État monnaie d'or et monnaie d'argent ;

Que partout chacun ait l'option de payer en espèces d'or ou en espèces d'argent ;

C'est là le programme monétaire international que nous soutenons. Mis à exécution, il aurait pour effet :

1° De rendre stable la valeur comparative de l'or et de l'argent,

2° De réduire au minimum les variations du pouvoir acheteur de la monnaie.

Expliquons le comment et le pourquoi de ce double résultat.

L'instabilité dans la valeur comparative des deux métaux a quatre raisons intrinsèques aux métaux eux-mêmes: 1° accroissement, 2° dimi-

nution de la production de l'or, 3° accroissement, 4° diminution de la production de l'argent.

Le métal abondant est moins demandé, il se
déprécie ; le métal qui fait défaut est plus
demandé, il renchérit.

Mais il est manifeste que si à l'augmentation de production on oppose une augmentation
de demande, et une diminution de demande à
une diminution de production, qu'il s'agisse d'or
ou d'argent, les forces, étant en contraste, se
neutralisent et on reste en état.

Eh bien, précisément, la demande, qui, sans
l'adoption du 15 1/2, se porte naturellement
vers le métal qui fait défaut, se porte au contraire et nécessairement vers le métal qui abonde,
si le régime du 15 1/2 est partout en vigueur.
On va le voir.

Comme la loi bimétallique permet à tous et

à chacun de payer en or ou en argent à volonté, il est naturel que les commerçants de monnaie délaissent le métal qui fait défaut et recherchent celui qui abonde pour le faire monnayer.

Non demandé, le métal qui manque ne peut pas renchérir ; demandé, le métal qui abonde ne peut pas baisser, et tous les deux finissent par être absorbés au prix réciproque d'un kilogramme d'or pour 15 1/2 kilogrammes d'argent.

Oui, si chacun est partout libre de frapper or et argent sur le pied de 15 1/2 et si partout chacun a l'option de payer en or et en argent, les causes qui font agir la loi de l'offre et de la demande se trouvent interverties : ce n'est plus la rareté, c'est l'abondance qui excite la demande, et réciproquement ce n'est plus l'abondance, c'est la rareté qui pousse à l'offre.

Alors, sous le régime international du 15 1/2

au sortir de la mine un kilogramme d'or vaudra toujours 15 1/2 kilogrammes d'argent, car nulle part avec un kilogramme d'or on ne pourra faire plus de monnaie qu'avec 15 1/2 kilogrammes d'argent, et de même 15 1/2 kilogrammes d'argent au sortir de la mine vaudront toujours un kilogramme d'or, car nulle part avec 15 1/2 kilogrammes d'argent on ne pourra faire plus de monnaie qu'avec un kilogramme d'or.

Et cette fixité de valeur entre l'or et l'argent, qui paraît prodigieuse, s'obtient sans porter atteinte à la liberté d'aucun, car l'option légalement ouverte de payer en or ou en argent laisse libres ceux qui n'en veulent pas de dire dans chaque contrat que le payement se fera exclusivement en or ou exclusivement en argent. En France on a toujours pu stipuler de la sorte; mais comme le profit est nul, on n'y a jamais songé.

Le 15 1/2 a pour conséquence de constituer

avec la totalité de l'or et la totalité de l'argent, quelque variation que la production de l'un ou de l'autre métal puisse subir, une masse monétaire nouvelle, qu'il est peut-être permis d'appeler *electrum* par l'*estime singulière dont elle est digne* (Dict. Littré). Les deux métaux n'y sont pas à l'état d'alliage, comme dans l'*electrum* des anciens ; mais, quelle que soit la quantité existante de l'un ou de l'autre, une parcelle de l'un (l'or) vaut toujours 15 1/2 parcelles de l'autre (l'argent).

Voilà donc une masse monétaire aussi homogène que si elle était composée d'un seul et unique métal, et c'est certainement la plus grande masse qu'on puisse employer, puisqu'elle comprend la totalité des deux métaux capables de servir de monnaie.

Il est admis sans conteste que plus la masse monétaire est considérable, moins sont fortes les variations qu'éprouve le pouvoir acheteur du numéraire, quand la matière monétaire vient à augmenter ou à diminuer tout à coup.

Mettons à 10,000 tonnes la circulation de l'or dans le monde, l'argent étant partout démonétisé : voilà que la production apporte rapidement 1,000 tonnes nouvelles d'or. Que se passe-t-il? L'or perd un dixième de son pouvoir acheteur, la même quantité de numéraire achète les neuf dixièmes seulement de ce qu'elle achetait avant l'apparition des 1,000 tonnes nouvelles.

Mais, si la masse monétaire se compose nonseulement des 10,000 tonnes d'or, mais aussi des 150,000 tonnes d'argent qui circulent actuellement, elle est double; et grâce au 15 1/2 universalisé, c'est exactement comme s'il circulait 20,000 tonnes d'or ou vraiment 300,000 tonnes d'argent. Que se passe-t-il à la survenance des 1,000 tonnes d'or nouveau ou d'une quantité correspondante d'argent? La masse monétaire ne s'en trouve augmentée que d'un vingtième, et par suite la diminution du pouvoir acheteur de la monnaie est moitié moindre ; un vingtième au lieu d'un dixième.

Même calcul en sens inverse si la production monétaire se ralentit.

Que si on objecte que la masse bimétallique est exposée aux variations de production de deux métaux au lieu que d'un seul, nous répondrons qu'il y a plus de régularité probable dans la production or et argent pris ensemble que dans la production d'un seul métal.

Somme toute, l'emploi de la monnaie bimé-tallique est de beaucoup plus propice à la stabilité du pouvoir acheteur de la monnaie, que l'emploi de la monnaie monométallique.

Si le bimétallisme n'existait pas, il faudrait donc l'inventer, et l'on s'obstine à le vouloir détruire! Oh! non, il faut le maintenir, l'expliquer et en étendre l'application, afin que son action bienfaisante se fasse partout sentir.

Des conventions postales, télégraphiques, douanières et autres, lient entre elles plusieurs nations pour l'avantage de toutes et de chacune. Une convention monétaire bimétallique entre le pays des francs, le pays des marcs, le pays des dollars et le pays des sterling procurerait :

Les deux avantages mentionnés plus haut : stabilité de la valeur comparative de l'or et de l'argent, et réduction au minimum des variations du pouvoir acheteur de la monnaie ;

L'avantage de relever la valeur du métal argent dont la baisse actuelle n'a pour cause que le refus d'admettre le lingot au monnayage ;

L'avantage d'éviter les pertes incalculables

causées en Allemagne et en Europe par la démonétisation de l'argent.

L'avantage de prévenir les convulsions monétaires dont auraient à souffrir toutes les transac-
tions si la démonétisation continue :

L'avantage de conserver la possibilité d'être
payé et de payer en métal monnaie les dettes et
les créances avec la Chine, l'Inde et autres contrées
d'Asie, où l'or n'est pas monnaie ; avantage qui
disparaîtrait si l'Europe cesse d'employer l'argent
comme monnaie ;

Et enfin l'avantage de rendre la reprise des
payements en espèces immédiate en France et
aux États-Unis, et beaucoup plus facile en Italie,
en Autriche, en Russie.

Deux seuls d'entre les quatre grands pays à
monnaie métallique signeraient la convention,

que l'avenir du 15 1/2, sa diffusion et ses bienfaits, seraient sans doute assurés.

Mais, avant que la diplomatie ait occasion de parler, il faudra peut-être que la révolution monétaire de l'Allemagne ait dit son dernier mot.

IV

LA REPRISE DES PAYEMENTS EN ESPÈCES EN AMÉRIQUE

Il faut rendre cette justice au président Grant, que nul n'est plus ennemi du papier-monnaie que lui, que nul plus que lui ne désire le retour à la monnaie métallique.

Nous l'avons déjà dit ailleurs (voir notre brochure *Or et argent*, page 75), ce retour à la monnaie métallique serait très-facile en Amérique, si le congrès autorisait le public à faire frapper dans les ateliers fédéraux des dollars d'argent pesant 15 fois 1/2 autant que le dollar d'or; en d'autres termes, si l'Amérique rétablissait le régime bimétallique, fondé par Hamilton en 1792 (1), et adopté avec si grand succès par la France.

Pour sortir du papier-monnaie, il n'y a qu'un moyen : se procurer beaucoup de métal. Mais on ne trouve pas assez d'or, dites-vous, et s'il fallait attendre qu'il en sorte suffisamment des entrailles de la terre, il faudrait attendre trop longtemps avant de revenir à la monnaie métallique.

---

(1) Quelques voix s'étaient élevées en faveur du monométallisme; mais Hamilton, l'éminent ministre que Washington avait placé aux finances, Hamilton fut résolûment bimétallique. « En spoliant, disait-il, l'un des deux métaux de son office monétaire, en le réduisant à l'état de simple marchandise, on diminue la quantité de *medium* circulant, et on diminue l'utilité du métal qu'on repousse. » Le célèbre Jefferson, qui devint par la suite Président des États-Unis et qui était alors Ministre d'État, émit la même opinion. Le Congrès vota une loi bimétallique sur le pied de 15, en vertu de laquelle on frappa, jusqu'en 1834, des dollars d'or et des dollars d'argent, le dollar d'argent contenant de métal fin quinze fois autant que le dollar d'or. (Voir : *History of the Republic of the United states of America as traced in the writings*, of Alexander HAMILTON, Philadelphie, 1868, Vol. IV, page 272.)

Votre dire est juste; mais pourquoi ne tournez-vous pas la difficulté au moyen du métal argent?

Déjà vous fabriquez depuis 1873 de gros dollars pour faire concurrence en Asie à la piastre mexicaine. Vous avez aussi fabriqué des demi-dollars valant exactement la moitié d'une pièce de 5 francs, avec l'espoir d'écouler cet argent dans les États de l'Union latine. Ainsi vous trouvez bon que l'Asie et l'Europe emploient votre argent comme monnaie? Prêchez donc d'exemple et commencez par l'employer vous-même en Amérique.

Il est absolument faux que le métal argent ne soit pas assez noble et qu'il soit moins apte que l'or pour la fonction monétaire.

Il y eut un jour où la Hollande a même trouvé que l'argent valait mieux, et elle démonétisa l'or comme inférieur. C'était une injustice contre l'or, de même ordre que celle que l'Allemagne commet aujourd'hui contre l'argent.

La France et l'Union latine n'ont jamais eu qu'à se louer du régime bimétallique or et argent.

Faites comme elles, ayez double monnaie légale : le dollar d'or actuel et un dollar d'argent, pesant 15 fois 1/2 autant que le dollar d'or.

Il suffit que le débiteur soit libre de payer partout en or et en argent à son choix, partout aux mêmes conditions, pour que la valeur de l'argent et celle de l'or se maintiennent partout et toujours dans la même proportion.

Ce n'est pas trop que de faire valoir comme monnaie toute la masse métallique (or et argent) que les hommes ont tirée et qu'ils tireront des mines, des rivières et des montagnes, si on veut réellement éliminer l'opprobre du papier-monnaie.

V

PETITS ARGUMENTS

La monnaie d'argent est lourde, le métal argent se déprécie de plus en plus; donc il faut ne plus avoir que monnaie d'or.

Ancien le premier, nouveau le second, ces arguments, nous venons de les rencontrer sous deux plumes élégantes : celle de M. Victor Bonnet, dans le *Journal des économistes*, et celle de M. Paul Leroy-Beaulieu, dans l'*Economiste français*.

Le juste renom acquis par ces deux économistes nous impose le devoir de répondre, tout en déclarant que, si nous appelons petits les deux arguments, c'est uniquement parce qu'ils ne visent que les côtés secondaires de la grande question des deux métaux.

Commençons par la lourdeur de l'argent.

S'agit-il de payer à grande distance, d'une mer à l'autre? Le fret est le même pour 100 mille francs d'argent, qui pèsent 500 kilogr., que pour 100,000 francs d'or, pesant 32 kilogr. et une fraction. Or ou argent, ou diamant, le poids de la monnaie et de toute chose précieuse est indifférent pour le navire qui la reçoit.

S'agit-il de gros payements sur place? La grande ville de Hambourg, pendant des siècles, a payé exclusivement en marcs. Le marc était alors une pesée d'argent comme qui dirait une once; mais ce marc n'a jamais été frappé. Les lingots d'argent déposés à la banque de Hambourg pesaient nécessairement des marcs, et les négociants se transféraient réciproquement la propriété des mares, sans jamais les transporter en nature ni les voir. Donc, ni poids excessif ni encombrement. Mais en outre de ces transferts et virements entre les clients des banques, il y a encore le billet au porteur, qui peut représenter, dans la circulation générale, le métal déposé à la Banque, et le billet représentant de l'argent n'est pas plus lourd que le billet représentant de l'or.

S'agit-il des petits payements et de la monnaie de poche? L'homme élégant préfère peut-être l'or; mais l'artisan et le cultivateur n'aiment point la trop légère pièce de 5 francs d'or, l'écu d'argent leur va mieux. Les avantages et les inconvénients se balancent des deux côtés.

Gros payements à distance, gros payements sur place, et petits payements courants: le métal argent est aussi digne que l'or de servir de monnaie, et, en tout cas, même à ce point de vue du maniement matériel, le mieux est de posséder double monnaie, monnaie d'or et monnaie d'ar-

gent, telle que la France l'a possédée si longtemps, sans en souffrir aucun dommage.

La réponse qui précède est imprimée depuis
deux ans. Que faire? Quand les termes de l'at-
taque ne changent pas, les termes de la défense
ne peuvent pas varier.

Nous allons cependant fournir quelque preuve
à l'appui de notre ancienne réponse :

Nous avons sous les yeux : 1° l'*Indicateur
des expéditions par les chemins de fer* (Chaix);
2° Le *Livret des tarifs des messageries mari-
times.*

L'*Indicateur*, page 96, dit :

« L'or et l'argent, soit en lingots, soit mon-
« nayés ou travaillés, le plaqué d'or ou d'argent,
« le mercure, le platine, les bijoux, dentelles,
« pierres précieuses, billets de banque, titres de

« rentes, actions, obligations, sont transportés à
« grande vitesse à raison de 0 fr. 002,772 par
« 1,000 francs et par kilomètre. »

Le *Livret des messageries,* page 19, dit :

« Tarif des espèces et valeurs de Marseille à
« Shang-Haï : or monnayé et en lingots, argent
« monnayé et en lingots, diamants, perles,
« pierres précieuses, billets de banque, titres au
« porteur et autres papiers-valeurs : 1 °/₀ de
« la valeur. »

Faisons maintenant, sous l'attentive surveil-
lance des monométallistes, un envoi de 100,000
francs de Paris à Shang-Haï.

A raison de 0 fr. 002,772 par kilomètre et
par 1,000 francs, le transport de Paris à Marseille (851 kilomètres) revient à 236 francs ; le
transport maritime de Marseille à Shang-Haï, à
raison de 1 °/₀, revient à 1,000 francs, en tout

1,236 francs, soit près de 1 1/4 °/₀ de la valeur.

Que ce soit de l'or, de l'argent ou des papiers-valeurs, une somme de 100,000 francs
est transportée de Paris au grand port Nord-
Chine pour 1,236 francs. Pour le Japon, ce sont
les mêmes conditions. Sauf quelques exceptions
destinées à disparaître avant peu, partout le numéraire, or ou argent, est transporté au même prix.

Il y a trois sortes de taxes en matière de
transport ; taxe au poids, taxe au volume, taxe à
la valeur.

Lors du transport au poids, on ne s'occupe
guère du volume et de la valeur ; lors du transport
au volume, on ne s'occupe guère du poids et de
la valeur ; lors du transport à la valeur, on ne
s'occupe guère du poids et du volume.

Si les sommes à transporter viennent à se

perdre, l'expéditionnaire doit les rembourser.
Cette garantie veut une rétribution qui naturellement sera hors de proportion avec le poids et
le volume plus ou moins insignifiants des sommes. Cette rétribution, c'est la taxe à la valeur.
Celle-ci payée, l'expéditeur ne doit rien, et, en
fait, il ne paye rien ni pour le volume ni pour
le poids, et c'est ce qui fait que l'argent n'est pas
plus coûteux à expédier que l'or et la bank-note.

A faire transporter 500 kilog. de plomb de
Paris à Shang-Haï, on dépense 268 fr.

A faire transporter 100,000 fr. d'or pesant
32 kilog., on dépense 1,236 fr.

A faire transporter 500 kilog. d'argent (encore 100,000 fr.), on ne dépense pas 268 fr.,
comme pour les 500 kilog. de plomb, mais bien
1,236 fr., comme pour les 32 kilog. d'or et
comme pour les 100,000 francs en papier, qui
n'ont presque aucun poids ni volume.

Gouvernements, expéditionnaires et expédi-
teurs sont tous d'accord sur la rationnalité de ces
tarifs.

Que dire alors de cet énoncé de M. V. Bonnet, que « l'or, comme instrument d'échange,
« est devenu l'auxiliaire indispensable des che-
« mins de fer, de la télégraphie électrique, et de
« toutes les inventions de la science moderne! »

Ne pourrait-on pas affirmer au contraire, que,
grâce à la vapeur, l'argent a acquis, pour les
grands voyages, une sorte d'aptitude qui le met
de pair avec l'or, aptitude que pour les fortes
sommes, il ne possédait pas au même degré du
temps des diligences ou des mulets?

Et la télégraphie? La question de savoir si le
bimétallique est ou non la meilleure des monnaies, n'a rien à démêler avec les fils télégraphiques. Quand en 1816, déterminée par des
circonstances spéciales que nous avons exposées

ailleurs (1), l'Angleterre, sans avoir à opérer aucune démonétisation d'argent, se mit à frapper seulement de l'or, la télégraphie électrique n'était pas même inventée.

Avec ou sans câbles électriques, et quelles que soient les inventions de la science moderne, l'argent fait le tour du monde aussi vite que les lettres, et sans plus de frais que l'or. Les wagons et les steamers n'ont pas contre l'argent les mêmes préjugés que les monométallistes-or. Au moyen des virements, des compensations, des billets au porteur, l'argent change, comme l'or, en un clin d'œil, de propriétaire, sans changer de caisse. Nombre de gens ont du goût pour les pièces d'or, et d'autres préfèrent manier les pièces d'argent. Ni les uns ni les autres ne seraient satisfaits s'il y avait seulement or ou seulement argent. Ayons les deux, soyons bimétalliques.

____

(1) *Voir* page 25.

Plus le bimétallisme se répandra, plus sera permanent dans chaque pays le mélange d'or et d'argent circulant au contentement de tous.

« C'est le sentiment du progrès, » dit M. V. Bonnet, « qui porte aujourd'hui les nations vers l'étalon d'or. » La réalité, telle au moins que nous la connaissons, est celle-ci :

Vers 1858, des écrivains français se sont rencontrés qui, conduits par l'honorable M. de Parieu, alors vice-président du conseil d'État, ont entrepris la campagne monométallique-or, campagne stérile dans le domaine des faits jusqu'en 1871. En 1871, tels monométallistes qui avaient vécu à Paris avant la guerre, hommes capables d'ailleurs, mais se trompant en cette affaire, profitant du moment où il fallait uniformiser les monnaies allemandes, firent briller aux yeux du nouvel empire la grandeur qu'il y aurait pour le peuple allemand à ne plus payer

qu'en or. On écouta le serpent doré. Aujour-
d'hui on en sent la morsure, mais on la tient
cachée. Bientôt elle se montrera d'elle-même.

Il nous reste à examiner l'autre argument :
l'argent se déprécie, donc il faut s'en défaire.

Que l'argent se déprécie, c'est certain. La
pièce de cent sous et le marc, si on les fond, ne
valent aujourd'hui que quatre-vingt-treize sous et
quatre-vingt-treize pfennings. Perte 7 °/₀. Mais
qui a été cause de l'avilissement progressif de
l'argent? Monométallistes, c'est vous.

Vous avez amené l'Allemagne et par suite
l'Union latine à délaisser le monnayage de l'argent. Le blé ne vaudrait presque rien si on n'en
faisait pas de la nourriture. Le métal précieux
perd beaucoup de son prix si on cesse de le
convertir en monnaie. Vous êtes les auteurs de
la baisse, et vous invoquez cette baisse pour
preuve du démérite de l'argent que vous aviez
médité de faire proscrire !

Parfaite était l'allure d'un blanc destrier. Certains capricieux lui firent attacher les jambes, et, parce qu'ainsi retenu, il ne pouvait partir, les capricieux criaient de l'abattre. Un bon compagnon, qui vint à passer, enleva les malheureux liens, et le noble animal de reprendre sa course. Qu'on lève en Allemagne et en France l'interdit qui pèse contre le monnayage de l'argent, et ce noble métal reprendra et gardera sa valeur tout entière : un poids d'or pour 15 1/2 poids d'argent. En Allemagne, en France, en Angleterre, le soulagement sera général.

L'épopée monométallique n'est qu'au début, et déjà il n'existe plus un seul et unique stock d'argent, à valeur homogène, comme il existe un seul et unique stock d'or. Il y en a deux, le grand et le petit. Le petit stock c'est l'argent nouveau, le métal brut, celui qu'on refuse de monnayer; sa valeur a baissé de 7 %. Le grand stock c'est l'argent monnayé en thalers et en francs, celui que les monométallistes veulent refondre et qui, en attendant, circule à cours forcé pour une valeur de 7 °/₀ plus élevée que la valeur du métal brut.

Si la baisse est déjà de 7 °/₀ sur le petit stock, de combien serait-elle le jour où le grand stock refondu deviendrait, lui aussi, matière brute? Quel abîme!

Et vous invoquez la dépréciation pour pousser à la démonétisation! Mais la dépréciation c'est la ruine, et pour l'éviter il faut au contraire reprendre au plus vite le monnayage de l'argent.

Voyez cet immense patrimoine, ce sont des centaines de millions de marcs, des centaines de millions de francs. Tout ce métal sonnant tombe à rien si vous persistez. Persisterez-vous, mono-métallistes d'Allemagne et de France?

Nous espérons que l'erreur commise sera redressée. Nous comptons sur la force des choses

qui parfois empêche l'homme de se nuire autant
que lui-même le voudrait.

Nous comptons aussi sur la facilité extrême
avec laquelle l'Allemagne peut se mettre dans
la bonne voie. Elle n'a qu'à laisser librement
arriver aux ateliers monétaires de l'État les
porteurs de lingots d'argent comme les porteurs de lingots d'or, pour s'y faire fabriquer
des marcs; et tout le mal sera réparé.

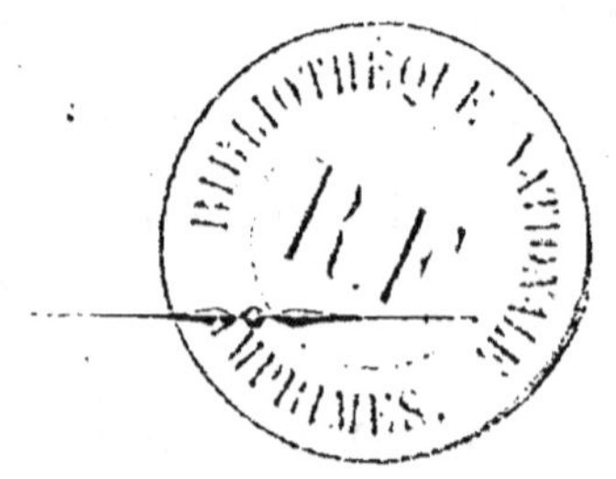

TABLE

6645. — Paris. — Imprimerie Ve Éthiou-Pérou, rue Damiette, 2 et 4.

www.ingramcontent.com/pod-product-compliance
Lightning Source LLC
LaVergne TN
LVHW022247030726
842520LV00009B/1153